TOLSTY
Retratos de um amor por um cão

Trilogia do amor, livro III

Beny Schmidt

2015

São Paulo

Edição de texto: Mariana Gonzalez
Editor: Fabio Humberg
Assistente editorial: Cristina Bragato
Capa: Osires
Foto da capa: Dede Fedrizzi
Ilustrações: Caue Rodrigues
Revisão: Humberto Grenes

Dados Internacionais de Catalogação na Publicação (CIP)
(Câmara Brasileira do Livro, SP, Brasil)

Schmidt, Beny, 1956- .
    Tolsty : retratos de um amor por seu cão : trilogia do amor, livro III / Beny Schmidt. -- São Paulo : Editora CLA, 2015.

ISBN 978-85-85454-63-0

1. Crônicas brasileiras 2. Poesia brasileira I. Título.

15-04524

CDD–869.93
–869.91

Índices para catálogo sistemático:
1. Crônicas : Literatura brasileira 869.93
2. Poesia : Literatura brasileira 869.91

Grafia atualizada segundo o Acordo Ortográfico da Língua Portuguesa de 1990, que entrou em vigor no Brasil em 1º de janeiro de 2009.

Todos os direitos em língua portuguesa reservados
Editora CLA Cultural Ltda.
E-mail: editoracla@editoracla.com.br
Site: www.editoracla.com.br
Tel: (11) 3766-9015

Agradecimentos

A você, meu amor, Patrícia, por essa vida maravilhosa que estou levando.

A você, Anita, que chega ao auge da feminilidade consagrando seu dia a dia ao seu filho Luke, num exercício divino da natureza materna.

A você, Jacqueline, minha filha guerreira, brigando pela felicidade, me inspirando cada vez mais.

A você, Marco, meu filho tão lindo, que, desafiando os hábitos modernos, me enche de orgulho e me faz pensar.

À minha mãe, por acreditar sempre em mim. E ao meu pai, que na minha cabeceira, neste momento, anda sorrindo muito para mim.

A vocês, Mariana Gonzalez, Daniela Vasquez e Fabio Humberg, que são coautores da Trilogia.

Ao meu genro Caue Rodrigues, pelas ilustrações de Tolsty, que finalizaram com chantilly gelado a Trilogia do Amor.

E, por fim, a você, Tolsty, meu cão amado, por existir sempre ao meu lado.

Justificativa

No final da trilogia, continuo furioso. O mundo encanta, mas certas coisas desanimam. Conviver com amigos é prazeroso, mas também esgota.

Continuo a viver loucamente, em alta velocidade, como se a vida fosse uma gincana, sem descansar, meditar, conspirando sempre a uma ação, apaixonado pela vida.

Ando sem paciência. A vida digital me incomoda, prefiro decorar os números.

Os anos passaram, Tolsty e os outros animais preenchem menos espaços de terra.

Certo dia, falei para a Patrícia – amo-a mais ainda, após uma corrida em volta do lago – que tive a impressão de que nossa pequena floresta estava congestionada. Peixes, insetos...

As florestas encolheram.

Mais importante que terminar a Trilogia do Amor é enaltecer a sua mensagem.

As mensagens são textos elaborados do bem, protegidas por um mágico que transforma cada letra numa esperança nova de amor.

Nossa capacidade profunda de amar é a relação direta com a vontade de Deus de nos oferecer essa oportunidade, de viver ao lado dos outros animais.

SUMÁRIO

Prefácio – Acary Souza Bulle Oliveira
9

Capítulo I – *O eco do lago*
11

Capítulo II – *O rosto do índio*
21

Capítulo III – *Tolsty e o instinto*
31

Capítulo IV – *A vingança do homem e o perdão de Tolsty*
41

Capítulo V – *Os espíritos e as ilusões*
51

Capítulo VI – *Marcação cão a homem*
61

Capítulo VII – *Tolsty talismã*
71

Capítulo VIII – *Tolsty na piscina*
81

Capítulo IX – *Pata Negra*
91

Capítulo X – *Sinais*
101

Capítulo XI – *O valor do suor*
109

Capítulo XII – *Tolsty e o guarda-chuva*
121

Epílogo
131

Posfácio – Maíra Braga
135

Prefácio

Escrever em qualquer forma ou gênero é sempre terrivelmente difícil. Os escritores não são totalmente confiáveis. Qual pessoa conhece suficientemente honestidade para dar um relato confiável de motivos e intenções?

Este é um livro, o terceiro de uma trilogia, iniciada com Patrícia: cartas e versos para a mulher amada, *continuada com* Vida em Fúria *e concretizada com* Tolsty. *Em todos, a trama gira ao redor do amor, alternando apenas o protagonismo.*

Beny, médico e professor, meu amigo há 31 anos, recebe de sua filha primogênita um presente, o caçula de uma ninhada de sete, Tolsty, um cão Golden Retriever, um talismã que lhe possibilita muitas reflexões para explicar a sua alma que não se enquadra nos conceitos do conformismo, uma alma ambivalente.

A interação homem e cachorro é feita de cooperação, e não confronto; inclusão, e não destruição; harmonia e paz, e não discórdia. Através dos olhos, ouvidos, olfato, paladar, sensibilidade e da força das patas negras de Tolsty, o equivalente às três voltas no planeta Terra nas ruas de São Paulo permitiu que Beny mostrasse o seu inconformismo com a mídia, política, ciência só para satisfazer o ego, banqueiros (meu registro) e o mundo digital. Para cada um dos infortúnios perturbadores e desanimadores, os antídotos: perseverança e amor.

O recado deste livro? Procurem dentro de nós mesmos a nossa essência. Viemos para este mundo para ver a luz, viver e morrer com dignidade e honra.

Como isso é possível? Devemos ampliar outras dimensões dos sentidos, como a intuição (capacidade de perceber, discernir ou pressentir uma explicação independente de qualquer raciocínio ou análise) e a clarividência (faculdade de ver à distância sem o emprego dos olhos).

Como podemos aprender? Deixem simplesmente os Tolsty ensinarem.

Acary Souza Bulle Oliveira
Professor afiliado da Disciplina de Neurologia, no Departamento de Neurologia e Neurocirurgia da Universidade Federal de São Paulo (UNIFESP)

Capítulo I

A sombra

No meio do dia
Brincando com Tolsty
Sob sol ardente
Surgiu no jardim

Desenhada na parede branca
Uma sombra mágica
Era o corpo do cão
Com a cabeça do paizão

Formava um centauro
Que reuniu um dia
Animais diferentes
Criando heróis

Me afastei de Tolsty
Mas a sombra ficou
Alguns minutos brincando
Com o amor do meu cão

O eco do lago

Existe um lago encantado, no bairro do Portão, vizinho a Atibaia. Os animais que lá passeiam, ao redor, pela floresta, ou que brincam sob suas águas frescas, costumam se apaixonar

Por detrás dele, lá da nossa casinha, Tolsty ouve o eco do seu latido. Late energicamente, mas não incomoda. Seu latido não irrita ninguém. Por que será? Será o timbre de sua voz, a letra da canção? Talvez ele seja simples, como o ato de amar.

O apaixonado nem sempre escuta as palavras da sua amada. Certas mulheres não conseguem mentir. Por serem assim tão belas, são incapazes de enganar. Mas isso não significa que a voz da mulher amada nunca incomode.

Pois assim é o eco do lago. Seu som não conta mentiras, semelhante às palavras da amada e aos latidos do cão que se ama. Poderia passar um dia inteiro me deliciando com o eco do lago e com a voz de Patrícia. Às vezes, Tolsty sente medo de suas águas. Poder mediúnico?

Noutros dias, o eco simplesmente desaparece. Mas o que é o som? Aquilo que se escuta, vibração de tímpanos?

O som é mais poderoso que a luz! Pois enquanto esta afasta a escuridão, o som é a própria vida. Movimentação de tudo que vibra, gira e respira. Entendemos a agressividade dos surdos. Falam com impaciência. Deve ser difícil viver desligado do mundo. Pior a surdez que a cegueira. Pois se pode olhar o mundo de várias maneiras, mas nada pode substituir o som de nossos ouvidos. Os surdos são heróis.

Benditos são os ecos sagrados. Benditos são os ecos que preenchem o mundo com o som. Latir, qualquer cão é capaz, mas ficar paralisado com seu próprio latido do eco do lago é para cachorros encantados.

Certa noite, Marquinho me contou que, na madrugada anterior, em cima da laje, seu latido despertou dezenas de cachorros da montanha. Passaram a madrugada inteira latindo e uivando para a abóbada celeste de Atibaia. Orquestra sagrada.

Na manhã seguinte, meu filho me disse que essa felicidade reaparece sempre brilhante quando no fundo da montanha o eco do lago desponta.

Laje: plataforma de calcário sobre a montanha do clube que leva seu nome.

A real beleza da vida

Naquele momento (24/5/2013), eu diria que a beleza real da vida é quando Patrícia prepara para a viagem a geladeira do papai. É claro que ela sempre interessa ao Tolsty também. Mas, agora, nesse fim de tarde de 8 de janeiro de 2015, com champanhe e pistache, fico pensando: por que tanta gente continua a ser guerreira, hipócrita, torturadora, vingativa... tão perversa?

Apesar de a paciência de Deus ser eterna, ela deve ter um limite. O que será que Ele acredita que exista dentro de nós para esperar tanto tempo? Está claro que Ele deve ter tido horas insanas para organizar tantos átomos e moléculas, metais e estrelas, tantos animais e os humanos. Mas aguentar a nós por essa infinidade é estranho. Pois nós, que somos quase nada perto dele, não aguentamos, na maioria das vezes, nem um segundo ao lado do nosso semelhante. É triste, acabaram de ser assassinados chargistas franceses extraordinários por muçulmanos extremistas.

Qual será a real beleza da vida? Com certeza não é somente a fotografia de filhos sorrindo ao lado dos pais numa tarde feliz.

Quem somos nós? Continuamos repugnantes, porcos, egoístas, sujos e cretinos. O que pode haver de mais belo em nós? Talvez, nas mãos de um talentoso jovem pianista ou, quem sabe, numa menina fada mais sabida que Platão, apesar dos seus 15 aninhos.

Nessas personagens de glória pode estar parte da resposta.

Nossos pecados por ora são castigados com prisão, mas numa sociedade doente não podem existir somente alguns vilões. Somos todos pecadores. Só poderá ser através do coração, da carne, sede da alma, que virá nossa evolução, pela nossa incrível capacidade de amar.

Talvez com a mesma emoção que os primeiros macacos sentiram ao tomar consciência de suas vidas Deus desenhe e apague a nós o tempo inteiro. Deveríamos saber: com Deus não se brinca!

A noite está acordando. Tolsty ao meu lado, deitado no chão, com a cabeça erguida a me perscrutar. Seus olhos parecem tristes, mas sei que está simplesmente me pedindo para passear.

Ao vê-lo assim, esparramado pelo chão, lembro-me do verso: 'batatinha quando nasce, espalha a rama pelo chão, menininha quando dorme, põe a mão no coração'. É dessa pequena caixa vermelha, mágica, tal qual Fênix, que resplandece eternamente a paciência divina.

Sabe, Tolsty, vamos passear. Vou ficar pensando nisso tudo, enquanto você dá bom-dia às estrelas que estão aparecendo no céu.

Capítulo II

Careta covarde

Careta é covarde
Teme perder a consciência
Nunca possuída
Pois mora na loucura

Natureza gerada
De amor e paixão
Filha de loucos
Sagrada criação

Mais alguns
conspiram com deslealdade
Exumando cadáveres políticos
Frutos da maldade

Não tem nada, não
Nós loucos de verdade
Venceremos a hipocrisia
Decretando liberdade

(Homenagem a Cazuza)

O rosto do índio

Olha ela aí de novo, Amy Winehouse. Patrícia está derretendo fondue. Tolsty está de cabeça erguida, com pelos *à la* Wolverine, fitando nossa casinha de campo. Lembramo-nos das flores e das árvores que cresceram com os nossos filhos tão lindos.

Certo dia, Patrícia reclamava que, agora, jovens adultos, a tinham abandonado. Respondi que, quando crescidos, os filhos devem partir para construir novas famílias. Mas ela não assimilou muito bem essa ideia.

É verdade, não podemos mais dormir todos juntos numa cama só, como fazíamos. Também sinto falta de lhes contar histórias e estórias. Agora, passam menos tempo conosco, evoluem e julgam-nos em tempo integral. Mas retribuem em amor.

Essa equação é diferente com os cachorros. Eles nascem, vivem e morrem, literalmente, ao nosso lado. Deitado, bem esticado, na sombra ao nosso lado, Tolsty está esparramado no chão. Por ser muito comprido, pode dobrar-se para ambos os lados. Ou se esticar tanto até se transformar num tapete persa.

Nesse momento, agora ao som de Cazuza, troca calor com fúria com seu super linguão. Até parece que seu coração vai cair do peito! Isso sim que é *taquicardia*.

Os cães vivem menos por causa disso.

Certo dia, ao olhar para ele, enxerguei o rosto de um índio. Senti que me protegia profundamente. Tinha poder sobre minha alma e espírito. Espírito e alma são entidades diferentes. O espírito se confunde visualmente conosco como se fosse uma reflexão, num espelho, da nossa energia. A alma, por sua vez, distante da energia dos átomos, é o protoplasma original de uma vida singular.

Nesse instante, lembrei-me do rabino Alpern, líder da Sinagoga Beit Chabad da Rua Melo Alves, que me ensinou que, por ser óbvio, os judeus acreditam em anjos.

Após uma vida em fúria e ter causado tanta confusão por mais de meio século, é evidente que esses anjos, assim como Tolsty, que às vezes possui o rosto de um índio, me protegem indefinidamente. Até agora, saí dos tumultos sem qualquer arranhão. Não sou tão forte fisicamente, é o meu cão, com rosto de índio, que ajuda. Pode acontecer de uma alma jovem encarnar em um espírito antigo. Assim, quem sabe, nasce um índio.

Sinto que eles, Deus, Tolsty, o índio, estão sempre comigo. Essa proteção enseja esperança, parece-se com um pincel encantado, traçando cores em desenhos de arte como se fosse uma carruagem, pedindo passagem da luz à beleza a minúsculos átomos, quer sejam de um cachorro ou de um índio, pouco importa.

Transformação

"No mundo, nada se perde, nada se ganha, tudo se transforma".

Mas isso é pouco, há muito mais a fazer.

O processo contínuo não significa somente transformação, como se fosse uma simples cópia de genes.

Se fosse só para repetir, Deus não nos teria oferecido a vida.

É nos momentos mais preciosos da razão, em equações matemáticas de operações indefinidas, que estão escondidas passagens apofantisíacas. Na maioria das vezes, dão a impressão de que nosso universo não passa de ilusão.

A mente que percorre todas as épocas recria-se incessantemente, sempre aberta a adquirir sabedoria. Deixa um perfume de eternidade e une passado, presente e futuro a cada momento da vida presente.

Assim é a mente ao escapar do óbvio, através de pseudópodes intocáveis, excitantes e mágicos; atingir esferas longínquas no fundo do universo onde, ao invés de naves intersiderais, encontram-se passagens sensoriais e milagres divinos.

Mais esplêndido que fusões atômicas a liberar energia e invadir o vazio é reparar nos detalhes de tudo: na beleza de cada pequena mudança.

O espetáculo de Deus é motor.

Como é chato ficar parado, careta.

Como é maravilhoso viver inquieto, criando, transformando, bem-vindos todos os loucos desvairados, repletos de vida, vontade e paixão pela beleza.

Orgulhosos de si mesmos e do seu redor, assim como borboletas recém-nascidas em metamorfoses de pequenas lagartas semitransparentes.

Capítulo III

Para as estrelas do céu

A presença da beleza
Na alma da natureza
Enaltece o espírito
E a vida dispersa

Tornando jovens namoros
Momentos inefáveis
Sob a luz dos astros
Preenchendo todos os espaços

Amor cintilante
Vibra fortemente
No profundo encanto
De raios fulminantes

Viver nada valeria
Se lá no fundo do céu
Os olhos percebessem
Que as estrelas não estariam

Tolsty e o instinto

É fim de tarde, avistamos um enorme saco de lixo na sobra de uma construção. Tolsty levou um baita susto.

É tão estranho, pois nesta mesma rua há dezenas de sacos semelhantes entre si.

Então, por que Tolsty latiu justamente para aquele saco?

Pelo seu cheiro, acho que não. Talvez o instinto. Mas o que é o instinto? Passeamos juntos pelas ruas paulistanas repletas de crianças, mulheres, homens e cachorros. De repente, ele avança em alguém sem qualquer motivo aparente.

Noutro dia, latiu para um amigo meu, santista como nós, irmão de sangue. Por que será que isso acontece? Dessa vez foi pior ainda. Além de latir, abriu a bocarra, mostrou seus enormes incisivos brancos e, se não fosse a destreza do meu amigo... Por quê?

Assim como Patrícia, certa vez, disse-me após a saída da nossa casa doutro amigo:

— Amor, esse cara é *mala*.

O que será que Patrícia e esse meu cachorro sentem nesses momentos?

Talvez os homens sejam desfavorecidos desse predicado, por estarem sempre totalmente envolvidos só com a razão. As explicações são entidades distintas do instinto.

Patrícia e Tolsty estão mais próximos dos ventos, das nuvens, do mar e ligados ao cosmos. Mulheres e cães já nascem dotados. Foi nos mares de Homero que viveram as mais belas mulheres com poderes plenos de instinto.

Elas e os cães latem para o mesmo alvo. Bem que Helena de Troia poderia influenciar eternamente nossos passos, fielmente acompanhados pelos cães.

Talvez os instintos sejam códigos de barra que impeçam nossos pensamentos de se esquecer dos sonhos e ilusões.

O instinto de Tolsty tem outra dimensão. Algo mais sólido que o aço e tão belo como o amor.

Ser amado assim por você é esquecer-se de tudo. É viver cada segundo dessa paixão.

Lembranças

Dia da Criança (12/10/2013). Me sinto criança ainda. Que bom! Pois, assim como a vida só é interessante quando se vive apaixonado, a velhice só é boa quando, no meio da carcaça, respira a alma de uma criança.

Os anos correram depressa, mas algo eternamente infantil permanece nos pensamentos de passagens, conhecidos como lembranças.

As lembranças estão além da eternidade. Caso fosse possível algo que não é, explicar nossa memória com equações computadorizadas, veríamos a loucura dos cientistas, mas continuaríamos cegos perante nossas recordações.

Tinha me esquecido de que hoje é um novo 12 de outubro. Meus filhos cresceram, não ganham mais brinquedos. Lembrei-me de Eros, da minha perna quebrada e condenada, quando só os heróis da mitologia grega podiam me acalmar. Zeus, Poseidon, Perseu e Andrômeda, Afrodite, somente eles assopravam paz no meu coração durante as leituras.

O mito de Eros ensinou-me o valor divino da paixão. Lembrei-me da astúcia de Ulisses, que representa um mito de que todo jovem deve encontrar uma jovem e que isso requer astúcia e beleza. Essa beleza que reside na ética inquilina das almas que conseguem transparecer num corpo iluminado.

Astúcia é o sinônimo do filho de Afrodite. Sapeca, mas, mesmo assim, possuindo tamanho poder de confundir o coração humano, acabou ferindo-se a si mesmo com suas flechas de amor. Tornou-se mais um no nosso time dos seres profundamente apaixonados.

Lembranças são atemporais, as melhores que nos deleitam originam-se de Eros. Pois Patrícia, meu amor, são tão belas minhas lembranças com você iluminando meu caminho e ao redor de tudo que existe. É a própria loucura do amor; afinal de contas, de que valem a ciência e as lembranças sem amor?

Lembranças são muito mais que recordações. Aconteceram fatos mágicos do perene. Lembranças de Eros, lembranças do meu amor por você, por mais que te ame agora, lembranças que não vejo a hora de te amar mais ainda para ter.

Assim serão as lembranças de você e assim serão as de Tolsty. Quando os anos passarem, rastros das mais nobres saudades estarão na memória encantada de histórias do nosso profundo amor.

Capítulo IV

Vingança e perdão

Bruta e altiva
Só quer matar
Por um erro qualquer
Nunca pensa em perdoar

Vingança é assim
Enredo e escrita são palavras proscritas
O próprio coração
Desaparece sem paixão

Elegante e magnífico
Ao contrário
O perdão engrandece
Qualquer alma enfraquecida

Na ambivalência
Na dualidade da vida
A vingança cega
O perdão liberta

A vingança do homem e o perdão de Tolsty

O perdão é a pior vingança. Uma flecha envenenada no peito do malfeitor. Marcas do sofrimento, maus-tratos, labirintos emocionais desagradáveis registrados reaparecem no nascimento da vingança.

Todos os culpados serão punidos. Assim disse com ódio nos olhos e hipocrisia no coração um americano bobão. Harvard University, mais um atentado terrorista em solo americano causado pelos próprios americanos. Era para ser uma graciosa jornada de maratona em Boston, em abril de 2013. Mas acabou assim: pernas partidas, criança morta, centenas de feridos por bombas armadas em panelas!!!

O real suicídio de um péssimo exemplo de sociedade corporativa e doleira que se esqueceu da beleza que pode estar dentro da condição humana. Todos os culpados serão punidos! Como se pode imaginar que a dor termina quando a vingança começa? Americano tão bem formado, estudou tanto, mas não aprendeu nada. Para começar, não aprendeu a perdoar. Todos os culpados serão punidos. Ele só pensa em acusar, julgar, prender, poder, mandar outros jovens matar, mas ele mesmo não consegue nem mesmo segurar suas calças, por mais apertado que esteja seu cinto. Aliás, sem este, ficaria de anáguas em frente à televisão.

De frente a uma plateia de otários, infectados pela americanite, faria estrondoso sucesso, é claro.

A vingança não ressuscita a morte da alma. Muito menos alivia a sua dor. A vingança é, na verdade, a máxima expressão da mediocridade. De se aproveitar da situação para revelar na superfície sua ira, toda a raiva violenta, recôndita em si mesma. O perdão, ao contrário, alivia quase sempre a pior dor. Cicatriza a mais profunda ferida; ilumina a alma. São poucos os humanos e nem todos os animais que conseguem perdoar.

Acho Tolsty diferente, perdoa em átomos de segundos, como Patrícia. Qualquer maldade ou pecado simplesmente desaparecem subitamente de suas memórias. O perdão deles tem algo a ver com um Maquiavel do bem; enquanto o original para definir o despeito disse certa vez "Se eu te notasse, talvez te perdoasse", Tolsty e Patrícia são puros. Perdoam só por causa do amor. Imaginem o mundo inteiro a viver perdoando uns aos outros por causa do amor.

Oposto da fraqueza, diferente do desprezo, o perdão é subatômico, são minúsculos pedacinhos de Deus que aparecem nos corações de alguns reis por meritocracia, mas são raros em nós e frequentes em cachorros.

Tolsty me perdoa todas as vezes que o deixo para ir trabalhar.

Recentemente, comecei a levá-lo às aulas da Neuromuscular da Escola Paulista de Medicina. Esse ato auxiliou a prática de uma nova lei em São Paulo. Agora, alguns hospitais permitem a entrada de cachorros.

Numa das aulas, latiu durante a discussão de um caso de difícil diagnóstico. Só faltava essa. Tolsty patologista muscular!

Abril de 2013 e outubro de 2013, membros do MIT e policiais de Washington fizeram mais duas vítimas, um adolescente de 22 anos e uma jovem mãe que fugiu de um bloqueio assustada, ou alterada, pouco importa, com um bebê a bordo. Ambos desarmados, apavorados, foram mortos a sangue frio sob aplausos de civis, orgulhosos de seu país.

A covardia e a barbárie são as principais armas da vingança. Enquanto o perdão é a inteligência da pujança do amor.

Infelizmente, a mídia só explora a vingança 24 horas por dia. Esses jornalistas sensacionalistas podem até não saber, mas enfeiam o mundo com porcarias. Expõem a dor, inclusive o próprio amor, ao ridículo. Traduzem frieza diante dos piores momentos da condição humana. Sua mensagem é de desânimo e horror.

Mas você, Tolsty, meu amor, pode ficar tranquilo. Você também, Patrícia. Nada poderia acontecer nesse mundo para que eu pudesse um dia deixar de perdoar vocês.

Os presentes da bondade

A cama de Tolsty estava velha, rasgada, um horror. Patrícia convenceu-me a trocá-la. Logo na primeira noite, como um anjo, Tolsty foi nela se deitar. Vibramos com o seu aconchego. Exemplo da magia de um presente ofertado com bondade. O poder desses presentes parece eterno. Quando se trata de uma roupa, nunca sai da moda. Quando é um sofá, dura para sempre. E quando se trata de amor, não há como se mensurar.

Conheço uma pessoa que esbraveja em todo casamento em que a encontro por causa do transtorno financeiro que o evento de outros lhe trouxe. Esses presentes, ao contrário, são sempre efêmeros. O presente com bondade ilumina mais o espírito daquele que ofertou do que o do beneficiado. Ah, como são belos os presentes da bondade.

Gestos perfeitos, representam raros resquícios de beleza nas atuais sociedades. Pois se sabe bem que hoje em dia ninguém gosta de dar nada para ninguém. Quanto mais um cachorro. O egoísmo pode não engordar como os alimentos, mas, pior ainda, sua gordura entope os caminhos do coração. A bondade tem tudo a ver com o perdão. Não se pode realmente perdoar sem bondade.

Os presentes ofertados aos meus filhos, lembro-me bem, quase sempre foram mágicos, pois parece que continuam brincando até hoje com eles. Adoçam nossa vida e impulsionam a uma troca de pura retribuição do bem. Nada comparado aos presentes políticos dos nossos dias. Do mais famoso toma lá dá cá desses pobres infelizes que devem sonhar com um presente de verdade, repleto de bondade.

Não menos fugazes são os presentes sociais, talvez não tão malignos como os políticos, mas igualmente sem nenhum significado. Os presentes da bondade abençoam nossa passagem, enaltecendo a jornada. Sua recompensa é divina. Quantas vezes me emocionei com a minha família simplesmente ao vê-la tão feliz retribuindo amor.

Em relação à cama nova de Tolsty, vemos ali um anjo deitado, com paz no espírito e ator fundamental na beleza do mundo. Os presentes não precisam ser agradecidos com palavras, olhares, apertos de mão ou abraços. Os presentes da bondade são a nossa salvação.

Enquanto houver presentes assim, mesmo diante da maior escuridão, sempre haverá um feixe esperto de luz a iluminar nosso caminho.

Capítulo V

Estranhamentos

Outro dia
Num lugar incerto
Encontrei alma amiga
Bons e maus sentimentos, carregando lembranças

Vivendo incríveis coincidências
Longínquas da consciência
Desprovidas de ciência
São assim, os estranhamentos

Iluminam pensamentos
Momentaneamente petrificados
Num intelecto apaixonado
Dos eternos enamorados

São eles os estranhamentos
Istmos de mar e terra
Ciclos de tempos
Inenarráveis momentos

(Homenagem a Ulisses Capozzoli)

Filosofia

A razão é infinita, mas o infinito não é tudo. Além dos mistérios da imaginação e do pensamento, vagamente concebemos o apofantisíaco.

Aquilo que está fora do nosso alcance, além dos universos, do tempo, do espaço e da razão. Quem pode saber? Talvez somente com o nosso espírito possamos sonhar em ter relacionamento com isso.

O apofantisíaco é o melhor motivo para os homens não perderem a humildade e a fé em Deus, pois foi o destino que prescreveu evoluir e estudar para sempre.

A educação constitui a seta real para qualidade e valorização.

Atualmente, está na moda a genética. Acreditam os cientistas que, nas bases dos genes, nos íntrons e, sobretudo, nos éxons, esconde-se absolutamente tudo, como se a vida estivesse aqui presente para ser decifrada e dominada pela medicina, para um dia oferecer aos pacientes uma sopa de letrinhas.

Dizem que os genes resolveram tudo. Ou que os genes resolverão futuramente a totalidade das coisas que precisamos compreender para viver melhor, eliminar as doenças, enfim, tudo, e assim por diante.

Mas a genética é só um pedaço minúsculo, nanoscópico da ciência. A verdade é que o real conhecimento sempre será o arquivo infinito completo de todas as ciências através dos tempos. Carrega na sua natureza o homem essa fraqueza, pois nossa memória é limitada e não lhe dedicamos o seu devido valor. As manchetes são sempre assim, só querem saber das novidades.

A genética e a medicina já se aperceberam de que, com o genoma humano decifrado, houve pouca contribuição para a saúde. Imaginar que esse mundo invisível, repleto de artefatos processuais, de classificações intermináveis até o momento e ilógicas de cladogramas inexatos, pode representar o segredo da vida? É ingenuidade.

Poderíamos estudar indefinidamente nossas conquistas na história para memorizar melhor a nossa própria memória. Refletir sobre a vida e o mundo com mais sabedoria; dentre infinitas coisas, filosofar um pouco mais sobre a água, por exemplo. Principal parte da vida, de tudo, tanta falta faz a filosofia nesse momento social de sociedades decadentes, saudades de filosofia.

Na ambivalência da vida, por outro lado, ainda bem que o caminho humano não tem fim. Deixa-nos um pouco de paz ao refletir sobre tudo isso. Tentando sempre ir além, transformando-se sem parar, a filosofia há de nos guiar, a nós, órfãos cósmicos, homens e almas inseguras e imortais. Que venham os Deuses!

Os espíritos e as ilusões

Certo dia, às 10 da manhã, no campo de futebol do Clube da Montanha, em Atibaia, em meio ao jogo, minha mulher invade o campo desesperada, branca, gaguejando:

— Ja... Ja... A Ja... que... a Jaqueline caiu no lago. Ela está dentro do carro, com as janelas fechadas e as portas trancadas.

Noutra noite, três semanas antes, Jaqueline entra no nosso quarto, de madrugada, dizendo que tinha visto um anjo ou alguma coisa assim, com imensas asas brancas, em frente ao espelho do seu quarto. Durante essa semana inteira, o anjo veio visitá-la e ela a nós.

Tanto é que, na segunda-feira, Patrícia tinha me pedido para levá-la a um psicólogo. Prontamente respondi que não:

— Isso não é nada, meu amor, coisa de adolescente que acredita em fadas.

Voltando àquela manhã, saí do jogo mal humorado e a contragosto, não estava acreditando nas palavras de Patrícia. Fui direto ao lago, procurar o carro. Ao encontrá-lo, olhei pela janela, mas não achei minha filha.

Nesse momento, Patrícia, correndo em minha direção, gritava:

— Ela está no jardim, ela está no jardim!

Peguei as chaves do carro, que teve perda total, abri a porta e me assustei. Pois no banco do passageiro estava uma figurinha de Santo Expedito que ganhei de uma paciente e, por não sei qual motivo, carregava sempre comigo, em minha carteira.

Só que foi muito estranho. A figurinha estava desdobrada, em cima do banco do passageiro. Naquele momento senti, realmente, que ele me dizia: Você me deve essa...

Voltei mais calmo ao jardim. Fui falar com Jaqueline.

— Meu amor, conta para mim, o que foi que aconteceu?

Jaqueline disse:

— Sabe, papai. Eu estava mexendo no carro e, de repente, ele começou a andar sozinho. Desceu a montanha e caiu no lago.

— Mas, filha, como você saiu do carro?

— Pois é, papai, fiquei com muito medo. Na verdade, não sei bem direito. O que eu sei é que... lembra do anjo do espelho do banheiro da nossa casa? Foi ele, pai. Ele, eu acho, atravessou o vidro do carro comigo e me trouxe até o jardim. Eu tive muito medo, papai. Achei que ia morrer.

O carro estava trancado, as janelas absolutamente fechadas, o freio de mão liberado, provável causa do acidente. E a figura de Santo Expedito aberta no banco do passageiro!!!

Se alguém me contasse, eu jamais acreditaria nessa história, mas aconteceu comigo, que sou médico, cientista...

Será mesmo que os anjos existem? E o Santo Expedito, o que é? E por que escolher a minha filha, com quantos milhares de pessoas precisando de tantos cuidados? Mas o que é um anjo? Um espírito? Não será tudo uma ilusão?

Contei a história para um amigo e perguntei como poderia agradecer ao Santo Expedito. Fiz o que ele mandou. Agradeci na igreja.

O que são as ilusões? Se o cérebro é capaz de produzi-las, não serão reais? O que é real?

Para tudo isso, não tenho resposta. Só restam especulações, que, talvez, pouco importem. Pois Jaqueline agora tem 20 aninhos, está mais linda do que nunca, namora um rapaz bacana que se chama Pedro.

Um pai sempre ganha na loteria quando uma filha sua namora, casa ou, simplesmente, convive ao lado de um homem bom.

Assim também aconteceu com minha outra filha, Anita, que encontrou seu par, Caue.

Obrigado, Deus. Obrigado, Santo Expedito e, sobretudo, a você, meu anjo, seja lá quem for. Deixaram em mim a certeza de que almas, espíritos, anjos e ilusões fazem parte dos sonhos, das emoções profundas que em mim se transformaram nesse dia em lágrimas enormes a escorrer pela face, estimulando lábios a sorrir e o coração a bater com a força que pulsa no interior do meu amor. É como se uma uma fresta do universo tivesse sido aberta para que minha filha pudesse passar.

Capítulo VI

Atrás das borboletas

Atrás das sombras
De pequenas borboletas
No meio da floresta
O amor se manifesta

Qual esse gingar
Saltar e girar
Atrelada paixão
Escondida nas borboletas

Saudando a colheita
Abençoando a merenda
A borboleta é somente
Pura real beleza

E lá vai ele
Atrás das sombras das borboletas
Que brincam tanto
Gozando dele

Marcação cão a homem

— Não, no banheiro não, Tolsty.

— Me deixa!

Aí vem aquele olhar, acabrunhado, pupila negra, íris acastanhada, esclera caramelo, como numa orquestra bela e afinada.

Seus músculos, ao redor dos olhos comoventes, extravasam sentimentos desconcertantes.

Tolsty me marca corpo a corpo. Não há jogador de futebol neste mundo que consiga se desgarrar.

Ele não segura na camisa, mas tenta arrancar minha mão. Não dá carrinho, mas atropela. Morde minha barriga.

Meu Deus, o que foi que fiz para merecer um cão assim.

Presente de Anita. Sempre ao meu lado.

Quando viajamos sozinhos, conta-nos a zeladora do prédio, ele empaca na porta de entrada da sala e fica a nos esperar.

Talvez, como Argos, faminto e humilhado, sofrendo pela ausência de Ulisses. Pois minha Patrícia é Penélope, meus filhos e Tolsty, minha vida, meu coração de Deus.

Certo dia, à beira da volta ao lago, quase no meio do caminho, parou subitamente de correr e começou a pular, girar. Assim como notas musicais dançando nas pautas das melodias. Ele estava enfeitiçado pelas sombras de pequenas borboletas.

Elas se divertiam, aceleravam o voo, paravam abruptamente e, de repente, sumiam. Para reaparecer no meio das copas das árvores ou a meio chão.

Se, por acaso, ele se cansava e deixava de saltar e acompanhá-las, mais sapecas elas ficavam. Trançavam seu caminho pelo ar, como nos desenhos animados, deixando-o atordoado. A pequena floresta sorriu diante de tamanho encanto.

Noutro dia, peguei-me mordiscando seu cabeção. Quando seus olhos fixaram-se nos meus, agradecido por tal paixão, lambeu seus lábios com seu linguão.

Mais o tempo passa, mais minha vida com ele quero gastar. Manhãs, tardes e noites, é sempre um prazer estar ao seu lado.

Assim me acontece que, como verdadeiros namorados do amor, é à noite que a paixão late mais forte. Quando chego do trabalho, sou atacado como um ladrão, mordido, arranhado e, logo após, lambido, abraçado, derrubado, enquanto ele uiva, chora e sorri.

Faz desse momento da minha chegada ao lar um momento apofantisíaco. Ah, como é bom chegar assim em casa todos os dias. Privilégio de sentir tanto amor pelo meu cão, tendo Patrícia e os filhos como sobremesa.

Tolsty é a casquinha de chocolate do meu sorvete de creme. Do de limão também. O catupiry do meu pão de queijo ou o chantilly branco e gelado de morangos vermelhos.

Fidelidade

Quando centenas ou milhares de pinguins-imperadores se aconchegam uns aos outros para se aquecer, muitos casais se dispersam. Mas, logo após o ritual, reencontram-se facilmente, atraídos pela fidelidade.

O cheiro e o canto não significariam tanto para essas aves tão simpáticas, se elas não fossem o exemplo mais nobre da natureza de lealdade.

Os pinguins sabem que podem realmente contar com eles mesmos!

E nós?

Deveríamos saber que em absolutamente tudo que existe há fidelidade. Não há outro caminho na criação, pois Deus não conhece a traição.

As árvores, o céu e o mar assinaram com flores, peixes e estrelas o tratado universal da fidelidade.

Isso é tão claro. Como poderia o Senhor organizar um infinito de átomos e moléculas, na Terra, no céu e no mar, sem compromisso?

Assim como a saúde dos filhos depende muito do amor dos pais, a saúde do planeta depende da fidelidade.

Me sinto privilegiado, tenho a fidelidade da Patrícia, dos filhos, de Tolsty, daquele rosto do índio que penso ter visto, do Senhor. Isso tudo exige uma retribuição.

Entrego essa obra junto ao meu espírito com a alma inteira que possuo, fiel ao amor.

Às vésperas do meu 57º aniversário, feliz como o vento, declaro fidelidade a tudo que é sagrado, à família, à vida e, sobretudo, a Deus.

    Agora, na praia, diante de uma vista tão linda, de uma montanha do Sahy, penetrando em pequenas ondas brancas do azul do mar, declaro ainda todo o amor que eu possa dar.

Capítulo VII

As belas casas

*As casas mais belas
Não são maiores
Nem melhor desenhadas
Apenas gostosas*

*Ensolaradas envidraçadas
Desnudando jardins
Repletas de flores
Enfeitiçadas de amor*

*São casas sadias
Como a luz do dia
Expressão do talento
Da mão humana*

*Pedras e tijolos
Enfeitados por tintas
Coloridas para o abrigo
De vidas tão lindas*

Tolsty talismã

De sete recém-nascidos, foi o último, escolhido por Anita, que, por sua vez, também era sua preferida. Sorte nossa ou dele?

Sorte da história.

Será que a história tem sorte? Foi sorte nossa! Embelezou a família, íntima da sorte. Um talismã.

Encontro súbito de felicidade, desaparecimento da hipocrisia de qualquer letra indevida. Existem pessoas e cachorros talismãs. Agora Tolsty não para de me lamber. Reflito sobre o seu linguão. Que fonte inesgotável de energia possui a flecha do arco de Eros.

Todos os talismãs são encontrados com o amor. Nas estradas dos animais, o caminho está sempre livre, de portas abertas, mas poucos sentem os sinais verdes e cruzam os rios. Esses abençoados sentem o sol mesmo em dias chuvosos, nas águas que escorregam das nuvens carregadas.

Deveríamos descobrir sempre mais. Isso sim é luta. Diferente de frutos que naturalmente descem das árvores, os talismãs podem estar na nossa frente e, assim mesmo, lutamos arduamente para que aconteçam escolhas semelhantes.

Próximas dos talismãs, partículas escolhem arranjos moleculares de desenhos enfeitiçados. Benditos talismãs. Conspiram para a existência com sorte. Por possuir vida já são afortunados.

Tolsty agora na varanda, sob chuva de pingos, descansa ao meu lado. Patrícia aparece e diz:

— Amor, nossa casinha está perfeitamente em ordem, apesar dos inúmeros convidados.

Deixaram nosso filho feliz nesse fim de semana. Benditos todos os seus amigos e cães da Terra. Talismãs sagrados.

Talvez essa união homem/cachorro seja uma oportunidade abençoada para sensibilizar a Deus. A qualquer momento, um dia desses, ele há de convir que merecemos viver ao lado dos animais.

Pois os cães poderão ser sempre melhores, eternamente livres, mas é no interior dos corações humanos que fluem os sentimentos mais íntimos da beleza mais profunda do amor na eternidade.

Tolsty e a política

Hoje é 5 de setembro de 2012. Temos três candidatos a prefeito em São Paulo.

Não podem imaginar, mas meu cachorro pode assistir e, talvez, compreender as imagens da televisão. É claro que ele, entre tantas coisas, prefere jogar bola ou brincar de morder. Em todo caso, esses candidatos não fizeram muito sucesso com Tolsty, pois outro dia, passeando na sala, mal os viu e começou a latir desenfreadamente para um deles.

Tolsty, engraçado, sempre latiu ao ver políticos na TV. Quando latiu ferozmente para um político da pior espécie, me apaixonei. Se é que isso é possível, ter mais amor ainda por ele.

É tão interessante um cão que, de vez em quando, assiste TV. Ele, por exemplo, adora futebol. Fixa o olhar na bola. Também gosta de ver outros cachorros na tela. Sempre late, mas os latidos são diferentes.

O som do seu latido, na propaganda política, é incrível. Até parece que ele quer participar de uma manifestação. Deve sentir muito dó dos políticos que têm vergonha de si mesmos. Deve ser horrível sentir vergonha de si mesmo.

Atualmente, comunicam-se de várias maneiras. Quando falam no rádio, o pulmão é a sede da falcatrua, respiram mentira e hipocrisia, embotando numa enrascada o seu próprio espírito. Transformam-se em cadáveres vivos, pois suas almas há muito os abandonaram. Pobres coitados. Foram escolhidos pelo tribunal das almas para serem políticos, representantes do lixo cósmico que terá de ser de novo, estafadas vezes, reciclado.

Quando aparecem na televisão, são como fantasmas, pois

sofrem pesadelos mortais todos os dias com suas entranhas. Outro dia encontrei um ex-amigo que virou político. Ao me rever, imediatamente quis me convencer de que era o mesmo cara do passado. Como se a amizade algum dia pudesse ser conquistada.

Seu rosto me parecia um pouco amargurado, talvez perdido, lábios amaldiçoadamente risonhos e tenebrosamente infelizes. O poder, definitivamente, não é a jornada da felicidade. Pobres de todos os políticos do mundo, vítimas de um processo que está muito longe se ser jurídico. Esses caminhos percorridos por eles e tantos mais são redigidos no inferno.

Outra vez lembrei-me de um tal artista. Era bom humorista, feliz e não sabia. Meu filho votou nele para protestar contra a nossa sociedade. Assim como tanta gente fez. Mas ele disse que da próxima vez vai votar nulo.

Um Maquiavel qualquer de gravata e sapato desalmou o humorista, que ficou mais rico através da mediocridade aritmética do infeliz novo deputado.

Certa tarde, vi uma gordinha atravessando a rua, mas esqueci o que ia comentar. Patrícia tem o poder de me desconcentrar. Ultimamente, ando sem paciência para os meus reais amigos. Passo o dia com Tolsty, Patrícia e meus filhos. Fico só o resto do tempo. Tiraram as amígdalas do Neymar para ele ganhar cinco quilos!!! Uma notícia dessas, absurda, desanima.

Mas tudo isso é passageiro.

Talvez esse seja o tempo do Tolsty. Tomara que os amigos voltem logo a fazer parte novamente da minha vida. Só espero que Tolsty e Patrícia não comecem a latir para eles...

Capítulo VIII

Tolsty e o mar

Dominando a terra
Numa inigualável vastidão
Nossa história, nossa vida
No mar aparecem

Das águas por inteiro
Robusto e corpulento
Açúcar do sol
De carne tão macia

O mar se anuncia
Tolsty vai nadar
Ameaça e recua
No fim, mergulha

É tão lindo
Ver suas patas
Criar um tambor
Com as águas do mar

Tolsty na piscina

Está muito calor. Tchibum, ninguém segura. A piscina tem convidado. Só seu rostão quadrado e o super focinho preto ficam acima do nível da água.

É uma fotografia.

Tolsty tem dois estilos de nadar: borboleta, quando bate, simultaneamente, as patas dianteiras, fazendo barulho, turbilhonando a água, querendo se mostrar. E *crawl* cachorrinho, num nado cruzeiro, com as quatro patas em movimento sincrônico, acopladas ao doce ondular de seu corpo longo. Sua alegria é contagiante.

Tudo depende dos olhos de quem vê, pois, para os meus olhos, ver Tolsty nadar é a própria revelação da luz.

Sinto nele uma força mágica a acender a vida como as velas que, imitando estrelas, iluminam o anoitecer. Pressinto sua presença em todos os lugares.

Toda vez que Tolsty mergulha faz como se fosse sua primeira vez. Ah, se pudéssemos viver assim, curtindo muitas coisas como se cada uma fosse nossa primeira vez!

Tolsty, eu te amo!

Eu sei que você nunca vai remar contra a maré. Nadar ao seu lado é ser criança com olhos arregalados e sentir no peito o coração acariciar o mar.

Os heróis

Ninguém pediu para nascer, mas, depois, temos o dever de viver. A vida é sagrada.

Nessa jornada, apesar da profunda fé na religião, encontramo-nos, muitas vezes, na escuridão. Dizem que para os agnósticos é pior ainda, podem passar quase uma vida inteira na melancolia, em profunda depressão.

Talvez, por isso, criamos os prêmios e as condecorações, que, quando oferecidos por meritocracia, transformam alguns homens em heróis.

A meritocracia deveria ser uma lei ubíqua da sociedade.

Ah, os heróis. Tão humanos, mesmo quando são deuses. Aliás, não existe nada mais humano do que Deus. Antes da tecnologia, o herói estava acima de qualquer suspeita. Agora não mais, pois a mídia cria um novo falso herói a cada dia. Uma multidão acredita que eles nascem na TV.

Meu primeiro herói é meu pai. Guerreiro obstinado, mas, é claro, Patrícia, meu amor, você sempre será a minha grande heroína.

Os heróis são todos otimistas. Sem eles, talvez a própria vida não existisse. Assim como quando não há mais esperança nas epidemias e se recorre à magia.

Esses rituais são mais importantes que o aniversário, Natal e Réveillon, pois podem lutar para criar utopias presentes em realidades futuras.

Os heróis não são utopias.

Um mundo cheio de sociedades distintas precisa de leis, mas poderia existir sem prisões e carcereiros. Devemos mantê-los presentes na crença infantil, que será sempre o amanhã. E ele há de ser lindo todo dia.

O mito do herói deve encarar o real desafio da nossa alma, construir uma sociedade unida e bela, próxima à natureza, assim como aquelas dos outros animais.

E você, Tolsty, também é o meu herói. Salvou a vida da minha filha, depois a minha...

Capítulo IX

Um dia aconteceu

Aconteceu um dia
Acordar sem problemas.
Não faltava dinheiro,
Não havia doença na família.

Um dia aconteceu,
Amanhecer tranquilo
Passar o dia feliz
E anoitecer sorrindo

Aconteceu um dia
Num sonho estranho
Em que Tolsty me lambia
Enquanto eu dormia

Um dia aconteceu
Maravilha em demasia
De tão apaixonado
Pelo meu cão amado

Perseverança

A determinação e a superação são glórias do ser humano. Sem nem mesmo saber por quê, quase sempre creditando ao destino ou a uma jornada divina, os homens nascem, vivem e morrem lutando com perseverança.

A essência dessa condição é do bem. Arquetipicamente, essa ação é antiga. A luta pela sobrevivência e pelo prazer está incrustada nos primórdios da espécie, pois a raça humana deve iluminar o peito de Deus.

Nas condições mais adversas, nos mais insanos conflitos mentais, na extrema miséria, nas guerras, é dos planos abissais do desespero que surge uma força assoprada pela fênix e, renascendo de migalhas que se levantam, conspira para a vida.

É nesses momentos de superação que lágrimas escorrem dos rostos de milhares de mulheres apaixonadas e orgulhosas de seus heróis, que, por sua vez, com a missão cumprida, ajoelham-se diante da beleza da alma feminina, zeladora do lar, que coordena a família.

Não há nenhuma hipocrisia neste arrazoado. A perseverança é a luz da família. Todos nós que lutamos temos família. Não por imposição, simplesmente porque ocorre. Existe para celebrar o amor.

Talvez para cada amor na Terra brilhe uma estrela no céu. A vontade de viver se solidifica nas batalhas. Em particular, minha família é motivo de superação. Com joelhos atualmente esmigalhados, extremamente doloridos, continuo seguindo em frente, correndo do jeito que der, vou correr até morrer. Estudando e trabalhando sem parar, só penso em gerar orgulho neles.

Ao amar cada segundo, posso ver a todos. Tolsty juntinho, é claro. A perseverança de um homem pode ser a glorificação da família.

Recentemente, na parte corrupta da mídia de São Paulo, houve mais uma tentativa de sujar a família. Não se sabe de onde, queriam envolvê-la com a ditadura militar de 1964. Esses grupos alegaram que, em tempos modernos, a família, na verdade, é um exemplo de ditadura. Certos programas de televisão fizeram apologia ao homossexualismo em tempo integral. Na verdade, grande parte da mídia mundial hoje é pilotada por gente triste, arautos da desunião.

Apesar de a nossa jornada ser agredida por esses momentos insignificantes, é dever e digno de nota que um pai, uma mãe, um avô devem descobrir seu tipo de sangue na luta pela liberdade dessa felicidade sagrada.

Pata Negra

Certo fim de tarde, em Buenos Aires, comprei um casaco de couro preto. Fiquei tão contente que, quando fui estreá-lo na noite do mesmo dia, esqueci-me de tirar a etiqueta, uma etiqueta negra. Grife da marca. Os porteiros do Hotel Alvear não conseguiram conter seu riso. Era uma etiqueta imensa, e eu não percebia nada.

Feliz com o meu casaco de couro, chamei um táxi para ir jantar no Bella Italia. Cheguei ao restaurante com a etiqueta negra ainda toda para fora. Os garçons, já conhecidos nossos, também não se contiveram e sorriram gostosamente.

Aquela noite com Patrícia foi mágica. Bebemos muito champanhe, rimos a noite inteira. As mesas ao lado foram contagiadas. O restaurante ficou em clima de felicidade suave e prazerosa.

Finalmente, regressando ao hotel, Patrícia se deu conta da etiqueta enorme para fora. Gargalhamos até a madrugada.

Desde aquele dia, Patrícia me deu mais um apelido: o Etiqueta Negra.

Hoje, no meio da Copa, 19 de junho de 2014, estamos no sítio e Tolsty entrou no lago, que, à custa da forte chuva, ficou com a trilha barrenta bem negra.

Suas patas foram cobertas até a altura de seus joelhos, de terra barrenta, deixando-as completamente negras, contrastando com o dourado do seu corpo. Foi aí que Patrícia disse: mas esse é o Pata Negra, amor. Parecido com você, o Etiqueta Negra. Sorrindo como uma deusa para mim. É verdade, cachorros e pessoas que convivem acabam se parecendo de maneira divertida.

É engraçado, por exemplo, observar esses pares a passear pelas ruas e refletir sobre essa relação. Os cães não estão ao nosso lado por acaso. Essa metamorfose quântica tem alguma coisa a ver com a nossa evolução, principalmente. Talvez os cães sejam nossos guias enviados pelos deuses para colocarmo-nos no devido caminho.

Pois é sabido que eles andam atraídos pelos cheiros sem nunca errar aonde querem chegar. O mundo seria muito mais fantástico para a alma humana se pudesse imitar os cachorros e tremular sempre no seu melhor caminho pelos cheiros do amor, amizade e bondade, quem sabe, não importa

Pata Negra celebra meu amor por Patrícia, pelos caminhos que minha alma haverá de sorrir encantada pelo tempo dos tempos. Não posso agora conter pequenas lágrimas ao som de Astor Piazzolla nesta tarde tão fria. O inverno vai começar, mas, Patrícia e Tolsty, podem ficar tranquilos, pois meu coração está ardendo em chamas de amor por vocês.

Capítulo X

ABC do amor

ABC do amor
A de alegria
B de beleza
C de coração

Simples é o amor
Salpicado de paixão
Livre e solto
Como nuvens no céu

Que voam velozes
Quando venta forte
Formam imagens
Fofo, Tolsty apareceu

O amor é de todos
É de tudo
O veludo mais sagrado
A veste de Deus

Tecnologia e informática

Num mundo de tanta informação, nunca se viu tanta solidão.

Num mundo de tanta tecnologia, nunca se viu tanta hipocrisia.

O homem atual é triste, hipócrita, solitário, gordo e internauta.

A tecnologia deveria prestar serviço à felicidade do planeta. A informação, por sua vez, ser apêndice concreto da educação.

Mas, o que se vê é a nossa escravidão aos computadores e o desserviço à informação dos jovens. Informar não é sinônimo de educar.

Continuo vivendo sem jamais ter passado um e-mail com meus próprios dedos. Adoro usá-los para escrever com tinta, sempre que possível. As teleconferências substituíram o bate-papo ao vivo.

Ah, como é bom beijar a mulher amada, incomparável. E pensar que milhões de pessoas preferem perscrutar a facilidade do encontro do sexo via digital.

Beber com amigos é infinitamente mais prazeroso do que passar o dia inteiro enviando torpedos ou conversando no WhatsApp.

Dançar apaixonadamente pelo salão, durante a festa, do que puxar o saco de um *importantão*. Assistir a um filme lindo no cinema do que se aproximar de um político qualquer.

Nossas conquistas científicas em tecnologia e informática se voltaram contra nós, transformaram-se em algozes violentos da pureza humana.

Completei, em novembro de 2014, 40 anos de ensino da medicina profundamente acabrunhado com a educação. A mídia, sobretudo a televisão, só quer vender e faz apologia da imbecilização.

Hoje, 18/11/2014, assisti a um programa na TV instigando o ódio àquele que é o melhor médico do mundo, o médico brasileiro.

Escrevo com autoridade de quem também, no exterior, foi professor de medicina por bastante tempo: França, Estados Unidos, Itália... É simples, o médico brasileiro, na sua maioria, atende seus pacientes com carinho. Somos paixão. Bom, mas para algumas emissoras de TV devem ser os agentes públicos de saúde de Cuba!

De que adianta toda a tecnologia, genética americana, de que vale a ciência sem amor?

A televisão, que surgiu no século passado como revolução lúdica e prazerosa na nossa vida, tem, infelizmente, feito, há mais de 50 anos, muito mal ao nosso país.

Sinais

Certa vez, acariciei o rosto de Tolsty, na face, suavemente, logo acima do bocão. Outro dia, no banheiro, olhei para a claraboia de vidro e percebi pequenas folhas verdes. Em ambas as vezes, senti que essas imagens queriam me dizer algo. São os sinais.

Estão por toda parte: cumprimentar uma pessoa tendo a sensação de conhecê-la, entrar numa loja ou na casa de um desconhecido e sentir-se confortável demais, prever um gol segundos antes de ele ocorrer de fato, enxergar bem antes o placar final de uma partida, saber quem é no telefone antes de atender, se a notícia é boa...

São eles, os sinais.

Estão em toda a natureza, percebidos sem o uso da razão.

Talvez num passado recente, numa Terra menos populosa, os sinais ficassem mais vulneráveis aos sentidos dos espíritos.

Que bom que existem. Apesar da ausência de cognição, são dessufocadores da alma, rastros de esperança, sonham com a procura física de Deus.

Certa tarde, Anita me convidou com o meu genro Caue para ir à Ilhabela passear. Fim de semana. Alugou-nos um chalé encantador na montanha, com vista para o mar.

Paramos no caminho para almoçar e, de repente, pude ler na testa da minha filha o nome do meu primeiro neto: Luke Benjamin. O sinal era claro, senti naquela hora que ele podia ser uma gotícula de esperança de uma nova geração.

Bisneto de Benjamin José Schmidt, a julgar pelos seus pais, há de ser lindo, meu amor, seja bem-vindo.

Capítulo XI

Tolsty nas nuvens

Tudo o que acontece
Se transforma em nuvem
De todas as ações
Evaporam-se sentimentos

De todos os gestos
Arquitetos dos projetos
Suaves e macios
Lembrando algodão

Brancas ou escuras
Reflexos da luz
Espelhos da vida
Da soberana natureza

Do ar e do amor
Da Terra e do mar
Viajam para cima
Forrando nossa fantasia

O valor do suor

Quando se escreve, temos mania por definição, mas assim como as letras, os conceitos ficam em outra pasta, quando tentamos representar o prazer.

Diversos prazeres acontecem durante a vida: conquistas, casamento, filhos... mas o prazer da filantropia, do amor e do suor são incomparáveis.

A alegria refletida nas faces das pessoas premiadas nos dá maior euforia ainda.

Do amor não se fala.

Do suor da face, do corpo, do trabalho muscular ou mental, é o próprio sinônimo de estrada da vida.

As dificuldades de viver engrandecem a nossa jornada. Suar é a sua música.

Ao final de trabalhos realizados, ao enxugar o suor da testa, sentimo-nos absolutamente realizados.

No esporte, o suor agiganta almas encolhidas.

Gira a Terra, giram o mundo e a vida. Passos certos e errados trocam de lado ubiquamente, hão de suar as plantas e animais, são trocas fenomenais sagradas.

Aquecendo em muitos momentos, assim como se ferve comida na panela, o suor sacia a fome pela vida!!!

Hoje, 2 de novembro de 2013, dia de Finados, o calor do verão chegou forte. Todos vão suar. Tolsty, coitado, tão peludo com seu casaco natural, está sofrendo muito, mas querido, meu amor, no próximo rodar da Terra seu calor e suor serão compensados: um inverno bem gelado como um sorvete gigante virá para te alegrar.

A real recompensa do suor se pode sentir nas pequenas bolhas de água de cachoeiras, que parecem, ao cair, pedir para sofrer, mas, na verdade, são somente momentos de beleza e prazer.

Copa do Mundo 2014

No começo, fiquei na dúvida. Sou fanático torcedor brasileiro, santista, é claro. Gostaria que o país trocasse de lideranças. Vejo imbecilização em massa, vagabundagem, ignorância, hipocrisia e vergonha. Será que, se perdêssemos logo, a mudança viria?

Mas, quando a partida começa, torcemos para o Brasil. Assim como quase sempre decidimos passar a maior parte da nossa vida no lugar em que nascemos. Quatro bilhões de pessoas, neste momento, estão assistindo ao jogo de futebol. Muitos tiraram férias, milhares assistem aos três jogos do dia, sem falar dos comentários. Deveríamos usá-lo para atingir a paz na Nigéria, Israel, Palestina, EUA. Imaginem esses países convivendo apaixonados. Essa admiração talvez apareça pelo esforço que os atletas fazem para correr à 1h30 da tarde, com alto rendimento, e ainda driblar, chutar, cabecear.

Não, não é possível torcer contra o Brasil. Mesmo porque Deus é brasileiro.

Começo do inverno, 21 de junho de 2014, hoje é Brasil contra Camarões. Basta um empate e estaremos nas oitavas. Essa unanimidade de amor ao futebol parece cósmica. As constelações são as arquibancadas do céu, enquanto as estrelas torcem brilhando, deixando no universo o registro da passagem da magia.

Certa vez pensei sobre isso, que a ausência desse sentimento seria um dos principais fatores predisponentes das patologias. Há quatro mil anos, os gregos já refletiam sobre isso. A apatia gera patologia*. Enquanto isso, as manifestações continuam por todos os lados do país, a coisa está feia, o povo acordou, os políticos estão

---

* Pathos, em grego, significa amor.

com seus dias contados, vem aí a guerra civil, mais forte, e uma nova sociedade. Que seja para melhor.

Nascer, viver e morrer com dignidade para todos.

Apesar de tantas coisas ruins, o Brasil é o país mais livre do mundo, e precisa sobreviver para aprofundar suas raízes na árvore gigante de uma civilização melhor.

Onze homens correndo atrás de uma bola simbolizam, certamente, uma cena sagrada. 4 de julho de 2014, Brasil e Colômbia. Viajo para Nice, França, para o Congresso Internacional de Neurologia. O comandante do avião, é claro, não deixou a gente assistir ao jogo. Pelo menos subornei as aeromoças para dizer, de tempos em tempos, o placar. Ah, quando saiu o primeiro gol, gritei bem forte. Gol, gol do Brasil. O avião balançou. Os agentes do voo e as aeromoças me repreenderam nervosamente. Ainda bem que não estou indo para Los Angeles ou Texas. Estaria em cana na chegada.

Agora, é esperar terça-feira a Alemanha. Vai pra cima deles, Brasil.

Santos, Santoooos, Neymar! Neymar!

5 de julho de 2014, Aeroporto Charles de Gaulle. Notícias na TV, Neymar caçado no campo com permissão dos juízes, maldita FIFA, nem cartão amarelo o colombiano levou em sua entrada criminosa. Maldita CBF, maldita FIFA. Como podem artistas da bola enfeitar o espetáculo dessa maneira?

Já contra o Chile, a primeira entrada no Neymar foi criminosa. Sinto que agora os jogadores estão unidos. Vão dar tudo de si pelo Neymar. Vamos ganhar a Copa. A FIFA deveria ter punido rigorosamente o jogador.

Eu que estava tão feliz ontem no avião...

Continuo viajando. Agora Paris, Nice. Furioso. Preciso chegar logo, preciso telefonar, preciso saber direito o que aconteceu com o Neymar.

Nice, 8 de julho de 2014, Alemanha 7, Brasil 1. Em frente ao Acropolis, sede do Congresso, fui para o quarto, no quinto gol alemão. Arrasado, quanta humilhação.

Não tem perdão. Jogar assim, sem raça alguma. O povo torcedor não merecia. Nunca antes na história do futebol ocorreu tanta vergonha.

Perder é uma coisa, mas dessa forma não, não tem perdão. Fica mais fácil agora trocar os políticos que nos comandam.

12 de julho de 2014, de novo no avião. Destino: Porto Alegre. A Copa finalmente terminou. Holanda 3, Brasil 0.

De novo não, não tem perdão. Perder sem dar um carrinho, puxar a camisa de algum adversário, entrar para dividir a bola, suar a camisa, entregar o melhor de si, talvez o único que tenha se salvado foi David Luiz.

O futebol é extremamente importante, pois deleita sobretudo os menos afortunados do planeta. As eleições de 2014 se aproximam sob o comando de algumas instituições poderosas. O povo será ludibriado e talvez vá votar no Bolsa-Família, Mais Médicos.

Na verdade, não temos escolha alguma de qualquer maneira. A máquina do poder há de vencer de novo. A miséria aumenta. Maior população nas favelas, mortes infames, torturas, humilhação, policiais criminosos e bizarros, psicopatas covardes que podem andar armados para nos proteger. Decadência atapeta um futuro sombrio dos humanos que tinham tudo para ser felizes.

O tédio mundial é uma epidemia, pois queremos ter, mas não podemos ser.

Enquanto voam os políticos de helicópteros pelos helipontos da nossa cidade para nos roubar, a população aglutinada e infeliz encara essa inadmissível hipocrisia de transporte popular.

 Teremos de aguentar mais três longos anos desse prefeito. Que Deus nos ajude. Mas vem aí meu neto, Luke Benjamin. Vem, filho, vem com a força de um Schmidt para lutar pela sua vida, pelo nosso povo, para limpar essa cidade e trazer de novo a liberdade.

Capítulo XII

Final da trilogia

Arranca de mim
A energia enfurecida
Disposta ao amor sem fim
Com alma transtornada

Serena somente assim então
Poderei descansar em paz
Exaurir tudo que tinha
A vida a entregar

Enquanto me lambe meu cão
E me ama minha mulher
Meus filhos iluminam
O ciclo veicular do DNA

Ao final da trilogia
Como missão cumprida
Dei tudo que pude
Ninguém haverá de duvidar

Apego

Como disse, neste ano, levei-o comigo todos os dias para assistir às aulas na Neuromuscular da Unifesp. Esparramava-se pelo chão e ficava bem quietinho ouvindo nossas aulas e as bobagens que a gente diz.

Os alunos o adoram, enquanto muitos pacientes até se esquecem de que estão doentes. Seu rosto simpático desarma qualquer mau espírito. Nossas caminhadas tornaram-se diárias, longas. No mínimo uma hora nos dias de maior empenho pessoal no trabalho. Mas chegam a até três horas ou mais noutros mais fáceis. Pelo caminho, vou de celular, ouvindo os problemas de todas as famílias que vivem com alguém doente em seu seio.

De todas as tecnologias modernas, eu prefiro somente essas três: avião, helicóptero e celular. Odeio computadores.

No final do dia, quase sempre, dou mais uma volta na praça

ao seu lado. Seu ciclo circadiano está no auge no final de tarde, pois poderia jurar que nesses minutos ele entende absolutamente todo o significado de minhas palavras.

O crepúsculo e o alvorecer são sempre especiais em nossa jornada. Às 5h45 da manhã ele me acorda latindo, chora, afasta meus óculos com a boca para lamber meus olhos. Depois, esparrama-se no chão do banheiro até que eu termine os jornais e o banho, esperando eu me arrumar para ir trabalhar. A pé ou de carro, vai com vontade. Ele não gosta de ficar muito tempo em casa.

Acorda, vive e dorme ao meu lado. Ando exageradamente apegado. Às vezes, posso ver o reflexo do seu amor num espelho que reflete essa relação extraordinária intra-animais.

O amor entre animais da mesma espécie considera demais e apologiza o sexo como razão da existência. Agora, neste final de ano, a coisa piorou ainda mais! Posso sentir muita falta em sua ausência em um único par de horas. O amor também evolui, como o universo. A máxima expressão da vida nunca foi estática, imóvel, ou que circula entre o masculino e o feminino.

É tão gostoso quando, nas salas de aula, em casa, na piscina ou no jardim, costuma pousar seu cabeção em cima dos meus pés. Quando não faço o que ele quer, vira o corpo para o lado, literalmente. E quando presenteia meus filhos e Patrícia com um *show* de gracinhas, maremoto de firulas e paixão, entrelaça a família, que sinonimiza o sentido de nossa vida.

É uma trombeta que não pertence a exército algum. Toca notas contundentes, que exploda agora então meu coração para transbordar um pouco dessa paixão pelo mundo afora.

Tolsty e o guarda-chuva

Está chovendo lá fora. E daí?

— Vamos sair por aí, animal?

Logo no início, subindo pela Rebouças, vimos ao lado pessoas algemadas, trancadas nos carros como pássaros nas gaiolas através dos vidros. Tolsty perscruta as janelas. Com suas patas dianteiras, as coloca sobre elas e cumprimenta as pobres pessoas ali aprisionadas com carinho. Enquanto outras vezes late fervorosamente como se fossem pessoas perigosas.

Está chovendo lá fora.

Uma mão na guia, outra no guarda-chuva. De repente, Tolsty empaca e quer morder minha mão que está segurando o guarda-chuva. Era como se estivesse pedindo ambas minhas mãos só para ele.

Tolsty está com ciúmes do meu guarda-chuva. Ele me quer por inteiro para passear. É tudo ou nada, assim como o canto das cigarras, extraordinárias e afinadas, que podem parar abruptamente ou recomeçar bruscamente sua melodia.

Os ciúmes do guarda-chuva, assim como seu latido para certas pessoas, devem ter um significado. Já percorremos juntos milhares de quilômetros. Nunca menos de 15 km por dia. Chegando à loucura de passarmos mais de 6h caminhando. Mais de 20 km num só dia. Que coisa mais deliciosa sentir e saber que com Tolsty já dei três voltas pela Terra.*

Fui escolhido por ele para passear e trabalhar ao seu lado. Tra-

---

* Tolsty tem quatro anos e nove meses hoje (fevereiro de 2015), o que significa que demos aproximadamente três voltas caminhando ao redor da Terra.

balha sem carteira assinada, custa pouco, mas o que significa não pode ter um preço.

— Puxa, como é lindo! – exclama uma transeunte.

E lá vamos nós para longe, Moema, Avenida dos Bandeirantes. Poderia jurar ter ouvido música no seu gingado. Magnânimo.

Há quanto tempo será que os cães passeiam conosco? Pelas calçadas estreitas, esmagadas pelo asfalto repleto de carros, às vezes somos obrigados a andar em fila indiana. Aí, incrível, pois notamos que quase ninguém fala bom dia, boa tarde e, muito menos, boa noite.

Não importa o horário, também não se escuta: boa caminhada! Boa, nada. Outras vezes, tenho a impressão de que certas pessoas, ao nos ver, sussurram: esse velho deveria estar trabalhando agora, nessa hora.

Quanto a mim, tudo bem! Mas desejar trabalho humano a um animal é desumano. Deveríamos enxergar a vida como ela é. Com dois tipos de trabalho. Aqueles que constroem e os que embelezam, pois Tolsty embeleza a vida de tudo o que existe ao seu redor.

Talvez por isso, quando são guias, iluminam o caminho dos cegos.

Está chovendo lá fora. Tolsty vem de novo morder a minha mão...

Epílogo

Epílogo

Recentemente, estou relendo livros que me impressionaram no passado.

Eric Arthur Blair, George Orwell, grande escritor do século XX; desiludido dos homens, do regime russo de Stálin, escreveu *A Revolução dos Bichos*.

Na história, os animais enxotaram os homens de uma pequena fazenda. Logo após, os porcos dominaram o lugar e todos os outros animais.

Com o tempo, assimilaram os vícios do homem: fumavam, bebiam, alguns deles tornaram-se bípedes, caminhando com as patas traseiras.

Certa noite, em meio a um pôquer, um porco e um homem viraram um ás de ouro na mesa ao mesmo tempo, começando uma enorme confusão.

Fora da casa, assustados, os animais olhavam através das janelas, dos porcos para os homens, dos homens para os porcos e, de novo, dos porcos para os homens, mas não podiam mais distinguir quem era porco e quem era homem.

Para Orwell, todos os homens eram porcos.

Mas a reflexão nos diz que isso não é verdade.

Afinal de contas, por qual razão, então, Deus perderia tempo criando homens?

Não, nem todos os homens são iguais, há milhares de homens que valem a pena e, além disso, nenhum outro animal da Terra é capaz de amar como o ser humano.

Nasceu, 4 de outubro, Luke Benjamin Schmidt Rodrigues, meu primeiro neto. Não foi um Rafael dentuço, foi um novo Benjamin, cabeludo; que ele possa daqui a alguns anos sentir um pouco de orgulho do seu avô materno, pois meu sonho foi ser um pequeno herói da minha família.

Posfácio

"Ah, se pudéssemos viver assim, curtindo muitas coisas como se cada uma fosse nossa primeira vez!"
Trecho do livro *Tolsty*

Misto de poeta, médico, cientista, apaixonado e sonhador, Doutor Beny Schmidt nos brinda com esta obra, onde desenha, em versos fábulas, dissabores e alegrias, a sua maneira de apreciar a vida e cada instante dela, por uma ótica peculiar e graciosa.

O livro nos faz um convite a ir além das palavras, buscar algo a mais, algo que, pelo tempo escasso, possa ter ficado "perdido" ou "esquecido" no emaranhado dos excessos cometidos no dia a dia e que nos leva a nos distanciarmos de nossa essência.

A leitura deste livro nos remete ao resgate do simples, efetivado por um olhar inocente e divertido.

Nos faz experienciar o amor incondicional, sentir Deus em todas as formas, através de um olhar sensível, encantador, do autor aos ensinamentos e maneira simples de viver de seu leal cachorro Tolsty.

Agradeço ao meu grande amigo Dr. Beny Schmidt pela honra do convite para posfaciar este livro, que compõe a trilogia de amor, onde relata passagens e reflexões de seu dia a dia, e grande parte dessa rotina ou pelo menos muitas das ligações ao longo de suas andanças; e consigo reconhecer-me e compartilhar das entrelinhas dos capítulos.

Tenho um imenso orgulho que não consigo expressar em palavras sobre este profissional, homem íntegro e um incrível ser humano que é Beny Schmidt.

Maíra Braga